VENTE A PARIS
Le 12 Juin 1911
L DROUOT, SALLE N° 7
A DEUX HEURES

Consulat et Empire

COLLECTION

DE

MONNAIES, JETONS

MÉDAILLES

M° ANDRÉ DESVOUGES
COMMISSAIRE-PRISEUR
Successeur de M. Maurice DELESTRE
16, rue de la Grange-Batelière

M. CLÉMENT PLATT
EXPERT
21, quai Malaquais

PARIS

COLLECTION

DE

MONNAIES, JETONS

MÉDAILLES

DU

Consulat et de l'Empire

VENTE AUX ENCHÈRES PUBLIQUES

A PARIS, HOTEL DES COMMISSAIRES-PRISEURS, RUE DROUOT, 9

SALLE Nº 7, AU PREMIER ÉTAGE

Le Lundi 12 Juin 1911

A DEUX HEURES PRÉCISES

EXPOSITION PUBLIQUE UNE HEURE AVANT LA VENTE

Mᵉ ANDRÉ DESVOUGES
COMMISSAIRE-PRISEUR
Successeur de M. Maurice DELESTRE
26, rue de la Grange-Batelière

M. CLÉMENT PLATT
EXPERT
21, quai Malaquais

PARIS

Conditions de la Vente

La vente aura lieu au comptant.

Les acquéreurs paieront dix pour cent en sus des enchères ;

Les pièces seront exposées une heure avant la vente ; les acquéreurs pourront ainsi juger de leur état. Aucune réclamation ne sera admise une fois l'adjudication prononcée ;

M. Clément PLATT exécutera les Commissions que MM. les Amateurs voudront bien lui confier, aux conditions habituelles (5 o/o sur la limite) ;

L'expert peut suivre ou modifier l'ordre du catalogue, et réunir ou diviser les numéros.

La conservation des pièces a été indiquée sévèrement **B** = beau ; **TB** = très beau ; **FDC** = fleur de coin.

EXPOSITIONS

Particulière : Chez M. Clément PLATT, 21, Quai Malaquais, Paris ;

Publique : A L'HOTEL DROUOT, salle n° 7, une heure avant la vente.

CATALOGUE DE MONNAIES

MONNAIES

1 — **République Cisalpine**. Scudo di lire sei. ℞ ALLA. NAZ. FRAN. LA. REP. CISAL. RICONOSCENTE. Arg. *FDC*.

2 — Même pièce. *FDC*.

3 — 3o soldi. Buste à dr. ℞ PACE. CELEBRATA FORO BONAPARTE. *FDC*.

4 — Même pièce. *B*.

5 — **République Cispadane**. Scudo de 10 paoli. 1797. La Vierge. ℞ Armes de Bologne. *TB*.

6 — **République Helvétique**. 10 batzen 1799 et 5 batzen 1800 au chevalier debout. 2 pièces arg. *TB*.

7 — **République Ligure**. 96 lire or. La République assise à g. tenant un écu aux armes de Gênes. ℞ Faisceau. *B*.

8 — 8 lire arg. à la Liberté et l'Egalité debout, 1798. *B*.

9 — **République Napolitaine**. Scudo. de carlini dodici à la Liberté debout. *B*.

10 — Tornesi quattro. Cu. au même type. *B*.

11 — **République Piémontaise**. Mezzo scudo à la Liberté debout. *TB*.

12 — Quarto di scudo, même type. *B*.

13 — Un 2ᵉ exemplaire *B*. et soldi due en cuivre. *TB*. 2 pièces.

14 — **République Romaine**. Scudo romano à la Liberté debout. *TB*.

15 — 2 baiocchi, 1 baiocco ; mezzo baiocco. Cu. 4 pièces. *TB*.

16 — **Gaule Subalpine**. 5 francs, an 10, à la Liberté et l'Egalité debout. *TB*.

17 — 2 exemplaires, an 9 et 10. *B*.

18 — **République de Venise**. Scudo arg. de Lire dieci, à la Liberté debout. ZECCA. V. *TB*.

19 — Variété. z. v. *TB*.

20 — **République Italienne**. Scudo da lire 5 au caducée AGRICOLTVRA. E. COMMERCIO. Gnecchi 5 XLV. Métal blanc. *TB*. *Rare*.

21 — Essai de Denari 2, aux 2 épis, an II. G. 11 XLV. Cu. *FDC*. *Rare*.

22 — Essai du Denaro à l'épi, an II. G. 12 XLV. Cu. *FDC. Rare.*

23 — Essai du soldo à la balance, 1804. G. 9 XLVI. Cu. *FDC. Rare.*

24 — Essai de 1/100 à la balance. 1804. G. 13 XLVI. Cu. *FDC. Rare.*

25 — L'ITALIE DÉLIVRÉE A MARENGO. 20 francs, an X. Or. *FDC.*

26 — **Lavoisier.** Tête à dr. ℞ PH. GENGEMBRE. ESSAYAIT. DE. PERFECTIONNER. LES. MONNAIES. Essais. Cu. An 8 et an 9, tranche inscrite. 2 pièces. *TB.*

27 — Essai an X par Gatteaux. PIÈCE. FRAPPÉE. EN. VIROLE. PLEINE. Tranche inscrite. GARANTIE. NATIONALE. Cu. Module de 5 francs. *TB.*

28 — Tête laurée de Napoléon à dr. ℞ PROCÉDÉ. DE. PH. GENGEMBRE. Coupe. Arg. module du quart de franc. *TB.*

29 — Tête laurée de Napoléon à dr., par Brenet. ℞ PIÈCE D'ESSAI... PAR. LE. PROCÉDÉ. DE. SALNEVVE. Cu. *TB.*

30 — **Bonaparte Premier Consul.** 40 francs or an 12. Paris. *TB.*

31 — 20 francs or an 12. Paris. *TB.*

32 — 5 francs arg. an XI. Paris. *Très belle pièce.*

33 — Même pièce. *Très belle.*

34 — 5 francs an 12. Paris. *FDC.*

35 — 2 francs an 12.

36 — 1 franc, demi-franc et quart an 12. Paris. 3 pièces. *FDC.*

37 — Essai module de 1 franc à sa tête par Andrieu. ℞ IVᵉ ANNÉE DV CONSVLAT. Arg. *TB.*

38 — **Napoléon Empereur.** Cinq francs à sa tête nue à dr. Paris, an 13. *TB.*

39 — 2 francs an 12, franc 1806, quart an 13. Paris. 3 pièces. *FDC.*

40 — 2 francs, même type. Paris, 1806. *TB.*

41 — Francs, demi-francs, quarts, types divers, 8 pièces arg. *B* et *TB.*

42 — 2 francs 1811, 1 franc 1812, demi-franc 1813. Paris à sa tête laurée. 3 pièces. *FDC.*

43 — 2 francs 1811, 1 franc 1812. Paris 10 cent. et 5 cent. 6 pièces. *B* et *TB.*

44 — Essai de 100 francs par Vassalo, au buste nu de Napoléon à dr., 1807. Arg. *TB. Rare.*

45 — Variété Cu. sans l'indication de la valeur. *TB.*

46 — Essai de 10 cent. 1806 à l'aigle. Argent en un cercle de cuivre. *FDC.*

47 — **Iles de France et Bonaparte.** Dix livres arg. à l'aigle 1810. *TB.*

48 — **Rome.** Cinq francs 1812 à la tête laurée de l'Empereur à dr. frappés à Rome. *Pièce rare.*

49 — **Les Cent Jours.** 20 francs or à la tête laurée à g. de Napoléon. Bayonne 1815. *TB.*

50 — 5 francs arg. Paris 1815. *TB.*

51 — 2 francs. Paris 1815. *TB.*

52 — **Napoléon, roi d'Italie.** Cinq lire 1812. Milan à sa tête. *FDC.*

53 — Cinq lire 1814. Milan. *FDC.*

54 — Deux lire 1807. Milan. *TB.*

55 — Deux lire 1811, 1 lire 1811-1814, 15 soldi. 4 pièces. *B.* et *TB.*

56 — 10 soldi 1814, 5 soldi 1813-1814. 5 pièces. *TB.*

57 — Soldo. Cu. 1807 (2 exemplaires) et centesimo. Cu. 1807. 3 pièces. *TB.*

58 — **Siège de Zara,** 1813. Deux onces = 9 fr. 20. Grande obsidionale arg. à l'aigle couronnée. *TB. Rare.*

59 — Variété, une once = 4 fr. 60. Arg. *TB. Rare.*

60 — **Siège de Cattaro,** 1813. Obsidionale arg. de 1 once = 5 francs. *TB. Rare.*

61 — Obsidionale de 1 franc. *TB. Rare.*

62 — **Siège de Palma Nova,** 1814. 50 centesimi billon à la couronne de fer. *TB.*

63 — Un deuxième exemplaire. *TB.*

64 — **Occupation de Hambourg** par Davoust. 32 schillings arg. 1809 aux armes, signés H. S. K. *TB.*

65 — **Marie-Louise.** 40 lire or 1815 pour Parme. *TB.*

66 — 2 lire, lira, 10 soldi et 5 soldi 1815. 4 pièces. *TB.*

67 — **Louis-Napoléon, roi de Hollande.** Ducat d'or 1809 à sa tête. ℞ ses armes. *TB.*

68 — Ducat d'or 1809 à sa tête. ℞ chevalier debout. *TB.*

69 — Rixdaler argent 1808 à l'ancien type. Ecu au lion. ℞ chevalier debout. *TB.*

70 — Essai argent de 50 stuyvers à sa tête, signée George. ℞ ses armes. 1807. *FDC. Rare.*

71 — Variété type courant non signé. 1808. *TB.*

72 — Essai arg. de 2 1/2 Gulden à sa tête à dr., signé G. ℞ ses armes. 1808. *FDC. Rare.*

73 — Essai arg. de 1 Gulden, 1809, même type, signé George. *FDC. Rare.*

74 — Essai arg. de 10 stuyvers, 1809, même type. *FDC. Rare.*

75 — **Joseph Napoléon, Roi de Naples.** 120 grani 1808 à sa tête à g. ℞ ses armes. *TB.*

76 — **Joseph Napoléon, Roi d'Espagne.** 80 réaux or 1809 à sa tête nue à g. ℞ ses armes. *TB.*

77 — 320 réaux or 1810 à sa tête diadémée à g. ℞ ses armes. *TB. Rare.*

78 — 80 réaux or 1811, même type. *TB.*

79 — Piastre arg. de 20 réaux 1809 à son buste nu à g. ℞ ses armes. *TB.*

80 — Variété de 1810. *TB.*

81 — Piastre arg. de 8 réaux 1809, mêmes types. *TB.*

82 — 10 réaux 1812, mêmes types. *TB.*

83 — 4 réaux 1810, mêmes types. *TB.*

84 — 2 réaux 1811, mêmes types. *TB.*

85 — **Jérome Napoléon, Roi de Westphalie.** X thaler or 1813 à son buste lauré à g. *TB.*

86 — 20 frank or 1809 à son buste lauré à g. par Tiolier. *TB.*

87 — 10 frank or 1813, même type. *FDC.*

88 — 5 frank or 1813, même type. *FDC.*

89 — Grand thaler arg. à son buste lauré à dr. ℞ X EINE. FEINE. MARK. 1811. *TB.*

90 — Même avers. ℞ SEEGEN. DES. MANSFELDER. BERGBAVES. 1811 (Grand thaler des Mines). *TB.*

91 — Même avers. ℞ GLVCK. AVF. CLAVSTHAL... 1811 (Petit thaler des Mines). *TB.*

92 — Buste nu à g. ℞ N. D. REICHSFVSS. 2/3. (Petit thaler.) *TB.*

93 — Armes. ℞ XXIIII. MARIEN. GROSCH. 1810. Arg. *TB.*

94 — Armes. ℞ VI EINEN. THALER. 2 variétés pour 1809 et 1810. *TB.*

95 — Monogramme. ℞ 24. EINEN THALER. 1808. Billon. *TB.*

96 — 5 frank. arg. 1809 à son buste lauré à dr. par Tiolier.

97 — 2 frank. 1808, même type. *TB.*

98 — 10 cent. billon à son monogramme 1808. *FDC.*

99 — 8 pièces billon ou cuivre.

100 — **Murat, Duc de Berg.** Tête à dr. ℞ XVI EINE. FEINE. MARK. 1806, Thaler. *Très belle pièce.*

101 — **Grand Duc de Berg.** Tête à dr. ℞ Armes. CASSA. THALER. *TB.*

102 — III stuber. 1806, billon. *FDC.*

103 — **Murat, Roi des Deux-Siciles.** Sa tête à g. ℞ DODICI CARLINI. 1809. *Très belle pièce.* Arg.

104 — Même pièce. *TB.*

105 — 40 lire or 1813 à sa tête à g. *TB.*

106 — 20 lire or 1813, même type. *Très belle pièce.*

107 — 5 lire arg. 1813, à sa tête à g. ℞ Armes. *Très belle pièce.*

108 — 2 lire, 1 lire et mez. lira à sa tête. 3 pièces arg. *TB.*

109 — 3 grana, Grana 3 et grana 2. 3 pièces cu.

110 — **Alexandre Berthier, Prince de Neuchatel.** Essai de 5 francs. 181, à sa tête à dr. par Droz. Tranche en relief. POIDS VINGT-CINQ. GRAMMES. Arg. *FDC. Rare.*

111 — Batz. 1/2 batz et creutzer à ses armes. 5 pièces billon.

112 — **Charles-Louis d'Etrurie** et **Marie-Louise.** Leurs bustes accolés à dr. ℞ Armes. Grand scudo de lire dieci 1807. *TB.*

113 — Scudo aux bustes en regard. *B.*

114 — **Elisa Bonaparte** et **Félix.** 5 franchi à leurs bustes 1808, pour Lucques et Piombino. *TB.*

115 — 1 franco 1808, même type. 2 pièces. *TB.*

JETONS

M. — Histoire métallique de Napoléon, par Millin et Millingen.
T. — Trésor de numismatique.

(Tous les jetons sont très bien conservés.)

116 — **1796.** Tête tourelée à g. CASTORLAND. ℞ Déesse près d'un érable à sucre. M 130 I. T 8 LXI. Arg.

117 — Tête de la Santé à g. ℞ Coq sur un piédestal. SOCIETAS. PHARMACEVTICA. PARISIENSIS. Arg. oct.

118 — **An VI. Buonaparte.** Son buste à g. ℞ LA. FRANCE. LVI. DEVRA. LA. VICTOIRE. M 15 I. T 9 LXVII. Arg.

119 — **1799.** BVONAPARTE. LIBERATEVR. DE. L'EGIPTE. Son buste à g. ℞ Mercure devant les Pyramides. M 21 XXXVIII. T 9 LXXIII. Arg.

120 — **An VIII.** La Sagesse et la Fortune. ℞ BANQVE. DE. FRANCE. M 172 VI. T 3 LXXVI. Arg. oct.

121 — **An 8. Kléber.** Son buste à g. ℞ SVRNOME. L'HERCVLE. FRANÇAIS. M 129 XXXVIII. T. 13 LXXVI. Arg.

122 — **An 9.** Pont devant le Louvre. ℞ ASSOCIATION. POVR. LA. CONSTRVCTION. DES. TROIS. PONTS. EN. FER. M 173 XVIII. T 10 LXXXIV. Arg. oct.

123 — **Bonaparte.** Buste à g. par Auguste. ℞ La Seine et le Louvre. AGENS. DE. CHANGE. DE. PARIS. M 175 XXIV. T 11 LXXXV. Arg. oct.

124 — **1801**. La Justice assise à g. ℞ CHAMBRE. DES. AVOVÉS. DV. TRIBVNAL. DE. PREMIÈRE INSTANCE. T 4 LXXXVIII. Arg. oct.

125 — Variété pour 1802. M 177 XXIV. T 3 XCIII. Arg. oct.

126 — **1802**. Navire en perdition. COMPAGNIE. D'ASSURANCE. DV. HAVRE. DE. GRACE. ℞ Navire. T 4 XCIII. Arg. oct.

127 — **An X**. Serpent et cassette. COMPTOIR. COMMERCIAL. ℞ Caducée PACTE. DES. NEGOCIANS. M 409 A. T 9 XCII. Arg. oct.

128 — **1803. Bonaparte**. Buste à dr. par Mercié. ℞ Livres ouverts. Caducée AGENTS. DE. CHANGE. DE. LYON. M 413 B. T 6 XCIV. Arg.

129 — **An XII. Bonaparte**. Buste à g. par Duvivier. ℞ Etoile DÉF. AVOVÉS. PRÈS. LE. TRIBVNAL. D'APPEL. A. PARIS. T 9 XCVI. Arg. oct. *Rare*.

130 — **S. d. Bonaparte Premier Consul**. Son buste à g. en uniforme. ℞ POUR. UN. SEUL. HOMME. QVE. DE. GLOIRE... EVROPE. TV. LVI. DOIS. LA. PAIX. Arg.

131 — **1804. Napoléon**. Sa tête à dr. par Andrieu. ℞ CHAMBRE. DE. COMMERCE. DE. PARIS. M 181 XXVII. T 4 I. Arg. oct.

132 — **An XII. Napoléon**. Tête laurée à dr. par Brenet. ℞ Aigle. ÉCOLE. DE. DROIT. DE. PARIS. M 435 LXXII. T 3 II. Arg. oct.

133 — **S. d. 1804. Napoléon**. Buste lauré à dr. par Gatteaux. ℞. HIBERNI. ANGLI. SCOTI. PRO. FIDE. (Collège britannique.) T 2 VI. Arg.

134 — **An XIII**. Tête d'Esculape à g. ℞. ÉCOLE DE MÉDECINE DE PARIS. M. 194 XXVIII; T 10 VIII. Arg.

135 — Exploitation d'une forêt. ℞. COMMERCE DE CHARBONS DE BOIS, PARIS. M 436 LXXII. T 11 VIII. Arg. oct.

136 — Fleuve et rucher. PREF. DE LA SEINE. ℞. Aigle sur une proue. M 200 XXXIX. T 8 VIII. Arg.

137 — **1805**. La Justice à g. ℞. AVOUÉS. DU. TRIBUNAL. D'ARRONDIS-SAMENT. DE. ROUEN. M 437 D. T 6 XI. Arg.

138 — Écu impérial. NOTAIRES. DE. L'ARRONDISSEMENT. DE. LYON. ℞. Gnomon. M 437 C. T 7 XI. Arg.

139 — **1806. Napoléon**. Tête à dr. par Tiolier. ℞. COMPAGNIE. DES. SALINES. DE. L'EST. S. EX. M. GAUDIN. M 304 LIV. T 10 XIII. Arg. oct.

140 — **S. d. 1806. Napoléon**. Tête à dr. par Tiolier. ℞. Gnomon. NOTAIRES. DU. DÉPART. DE. LA. SEINE. M 179 XXV. T 10 XV. Arg. oct.

141 — **S. d.** Déesse assise à g. AVOUÉS. PRÈS. LA. COUR. D'APPEL. A. PARIS. ℞. Code sur une table. M 177 XXXIX. T 12 XV. Arg. oct.

142 — **S. d. 1806. Napoléon**. Tête à dr. par Andrieu. ℞. Minerve montrant un temple. ROTHOM. SCIEN. ACAD. (Rouen). M 500 I. T 9 XVI. Arg.

143 — **1807. Bichat.** Sa tête à dr. par Galle. ℞. Massue et serpent. SOCIÉTÉ. MÉDICALE. D'ÉMULATION. DE. PARIS. M 446 LXXI. T 2 XXIII. Arg.

144 — **Olivier de Serres.** Buste à dr. par Droz. ℞. SOCIÉTÉ. D'AGRICULTURE. DE. LA, SEINE. M 445 LXXII. T 4 XXIII. Arg.

145 — **S. d. 1808. Napoléon.** Tête laurée à dr. par Gayrard. ℞. Aigle et palme. UNIVERSITÉ, IMPÉRIALE. T 2 XXV. Arg.

146 — **S. d. 1808.** Aigle. ℞ SOCIÉTÉ. D'AGRICVLTVRE. DE. PROVINS. Château. M 5oo H. T 7 XXX. Arg.

147 — **1808. Napoléon.** Tête laurée par Andrieu. ℞ Caducée. CHAMBRE. DE. COMMERCE. D'ORLÉANS. M 449 C. T 8 XXX. Arg. oct.

148 — **1809.** Lion. CIRC. LITER. LVGVD. ℞ Lyre. M 461 C, T 1 XXXVI. Arg.

149 — **Napoléon.** Buste à dr. par Droz. ℞ L'Escaut assis. CHAMBRE. DE. COMMERCE. D'ANVERS. M 3o8 LIV. T 6 XXXVI. Arg.

150 — **1810.** Flambeaux de l'Hyménée. NAPOLEONIS... FELICIBVS. NVPTIIS. ℞ VOTA. PVBLICA. M. 263 XLVII. T 4 XXXVIII. Arg.

151 — **S. d. 1810. Napoléon.** Tête laurée à dr. par Tiolier. ℞ TRÉSOR. PVBLIC. M 436 L XXII. T 4 XLVI. Arg. oct.

152 — **S. d. 1810. Napoléon.** Tête laurée à dr. ℞ Saint-Honoré. COMMVNAVTÉ. DES. MAITRES. BOVLANGERS. DE. PARIS. M 3 14 LIV. T 9 XLVI. Arg.

153 — **1810.** Compas, niveau. RÉUNION. DES. ENTREPRENEURS. DE. MAÇONNERIE. ℞ LE 13 JANVIER 18 10. M 469 B. T 12 XLVI. Arg. oct.

154 — Variété d'avers : Rücher. CHAMBRE. DES. ENTREPRENEVRS. Cu. oct.

155 — **Portal.** Président de l'Académie de Médecine son buste à g. ℞ ses armes. M 456 LXXI, T 7 XLVII. Arg.

156 — Cathédrale de Strasbourg. ENTRÉE. DE. L'IMPÉRATRICE... ℞ NAPOLÉON. MARIE-LOVISE. M 255 XLVI. T 10 XXXVIII. Arg.

157 — **1811. Napoléon.** Tête laurée à dr., par Jaley. ℞ Déesse assise près d'une table. NOTAIRES. DE. L'ARR. DE. ROVEN. M 3 10 LIV. T 12 LI. Arg.

158 — **S. d. 1812.** Heur et Malheur. Tête bifrons. ℞ La Fortune et l'Amour. M 3oo LIII. T 6 LV. Arg.

159 — Variété octogone. Arg.

160 — Même avers. ℞ La Fortune à dr., par Losch. M 298 LIII. T 7 LV. Arg.

161 — Même avers. ℞ La Fortune à g. PLVS. LE. TOVR. EST. BIZARRE. Arg. oct.

162 — La Fortune et l'Amour. ℞ Femme nue au bord de la mer. CALME. AV. MILIEV. DES. ORAGES. Arg. oct.

163 — **S. d. Rouvet.** Son buste à g. INVENTEVR DES FLOTTAGES... ℞ COMMERCE. DE. BOIS. FLOTTÉ. M 483 LXXII. T 5 LVIII. Arg. oct.

MÉDAILLES

RÉVOLUTION ET CONSULAT

M — Millin et Millingen : Histoire métallique de Napoléon.
T — Trésor de numismatique : Médailles de la Révolution Française.

(Toutes les médailles sont en parfait état de conservation.)

164 — **1796. Bonaparte.** Buste en uniforme à dr., par Gaypard! ℞ Victoire volant à dr. BATAILLE. DE. MONTENOTTE.. M 1 IV. T 2 LX. Br. 41 millim.

165 — **An 4.** Hercule et l'Hydre. BATAILLE. DE. MILLESIMO. ℞ A L'ARMÉE. D'ITALIE. Tranche en relief. BONAPARTE. GÉNÉRAL... M 2 I. T 3 LX. Br. 43 millim.

166 — Guerrier combattant deux autres guerriers. BATAILLE. DE. CASTIGLIONE. ℞ A. L'ARMÉE. D'ITALIE. M 4 I. T 3 LXI. Br. 43 millim.

167 — **1797. Tête de Virgile.** ℞ Couronne murale. CAPITVLATION. DE MANTOVE. M 6 IV. T 1 LXIII. Arg. 36 millim.

168 — **An 5. Mars et Mantoue.** Exergue : REDDITION. DE. MANTOVE. ℞ A. L'ARMÉE D'ITALIE. Tranche : BONAPARTE. GÉNÉRAL... M 5 I. T 2 LXIII. Arg. 44 millim.
— Variété. Bronze 44 millim. Tranche lisse.

169 — Le Tagliamento couché. PASSAGE. DU. TAGLIAMENTO. PRISE. DE. TRIESTE. ℞ A. L'ARMÉE. D'ITALIE. M 7 III. T 3 LXIII. Br. 43 millim.

170 — **S. d. 1797. Bonaparte.** Buste à g., par Vassalo. ℞ Faipoult. Buste à g. LA. LIGVRIA. RICONOSCENTE. M 12 IV. T 6 LXIII. Br. 50 millim.

171 — **1747. Bonaparte.** Buste à g., par Vassallo. ALL. ITALICO. ℞ L'INSVBRIA. LIBERA. M 14 V. T 1 LXIV. Br. 48 millim.

172 — **An V. Poussin.** Buste à dr., par Dumarest. ℞ Attributs de la peinture. PREMIER PRIX. M 192 XXIII. T 6 LXIV. Br. 56 millim.

173 — **1797. Bonaparte.** Buste en uniforme à g. ITALICVS. ℞ ALEXAND. BVONAPARTE. POST... M 14 XXXVIII. T 7 LXV. Étain poinçonné 38 millim.

174 — **S. d. 1797. République Française.** La République debout. ℞ RESPECT. A. LA. LOI. (Insigne des commissaires de police à Milan.) T 1 LXVII. Arg. 41 millim.

175 — **1797.** Vue de la Prise du Palais du Broletto. ℞ Bonnet et poignard. EPOCA. DELLA. LIBERTA. BRESCIANA. M 381. LXI. Arg. 64 millim.

176 — **An VI**. Faisceau. REPVBLIQVE. FRANÇAISE. REPRES. DV PEVP. ℞ Table de la Loi. Niveau. CONSEIL. DES. CINQ CENTS. T 3 LXVIII. Br. doré 50 millim.

177 — **An VII**. Le Nil couché. CONQVÈTE. DE. LA. BASSE. EGYPTE. ℞ Les Pyramides. M 18 VI. T 6 LXVIII. Arg. 33 millim.

178 — Variété plus petite. T 7 LXVIII. Arg. 27 millim.

179 — **1798. Bonaparte**. Buste de face, par Jouannin. ℞ Bonaparte en un bige de chameaux. M 20 VII. T 11 LXVIII. Br. 41 millim.

180 — **Bonaparte**. Buste en uniforme à g. ℞ RASTADII. M. 385 LXII. Variété. Arg. 41 millim.

181 — **An VI. Jean Fernel, Ambroise Paré**. Leurs bustes accolés à dr. par Gatteaux. ℞ ÉCOLE. DE. MÉDECINE. DE. PARIS. PRIX. DE. L'ÉCOLE. PRATIQVE. T 8 LXIX. Br. 58 millim.

182 — Aigle sur un autel en une couronne. Drapeau REP. ROMANA. ℞ ALLE. SPERANZE. M 387 LXV. Arg. 38 millim.

183 — Même avers. ℞ LIBERTA ROMANA. 27. PIOVOSO. M 388 LXV. Arg. 38 millim.

184 — Variété XXVII. PIOVOSO. AN. VII. M 136 XV. T 1 LXXI. Arg. 42 millim.

185 — **S. d. 1799**. Renommée à g. par Duvivier. ℞ Couronne et champ lisse. M 56 XVII. T 10 LXX. Arg. 60 millim.

186 — **An VII**. Tête d'Isis à g. CONQVETE. DE. LA. HAVTE. EGYPTE. ℞ Crocodile et palmier. M 19 VI. T 1 LXXIII. Arg. 36 millim.

187 — **An VII**. Tiraboschi armant ses trois fils. ℞ Trois cavaliers. DIPARTIMENTO. DELL. ALTO. PO. M 389 LXIV. Plomb bronzé 47 millim.

188 — **An VII. Bonus Eventus**. Le Dieu nu. ℞ Navires, par Galle. ARRIVÉE. A. FRÉJVS. M 21 XXV. T 10 LXXIII. Br. 33 millim.

189 — **An 8**. Tête casquée de Minerve à g. ℞ CONSEIL. D'ÉTAT. M 166 XXI. T 6 LXXIV. Arg. ovale 38 millim. ✕ 44 millim.

190 — **S. d. 1799. Consuls de la Rép. Fr**. Couronne de chêne. ℞ SERVICE. DE. L'INTÉRIEUR. DU. PALAIS. T 12 LXXV. Br. 38 millim.

191 — **AN VIII**. La République debout par Gatteaux. ℞ LIBERTÉ. ÉGALITÉ. CORPS. LÉGISLATIF. T 1 LXXVI. Arg. rectangulaire à pans coupés 38 ✕ 48 millim.

192 — **1800**. Victoire et bige de canons. L'ARMÉE... PASSE. LE. ST. BERNARD. ℞ Clés, BATAILLE. DE. MARENGO. M 23 VII. T 9 LXXVI. Br. 41 millim.

193 — **An 8. Bonaparte**. Buste à g. par Brenet. BATAILLE. DE. MARENGO. ℞ ENFANS. RAPPELEZ.. VOVS. M 25 VIII. T 1 LXXVII. Arg. 50 millim.

194 — Même pièce. Br, 50 millim.

195 — **Desaix.** Buste à dr. BATAILLE. DE. MARENGO. ℞ LE. GÉNÉRAL...
EST. BLESSÉ. A. MORT. M 26 VIII. T 6 LXXVII. Br. 50 millim.

196 — **Bonaparte.** Son buste à g. au-dessus de la vue de bataille.
BATAILLE. DE. MARENGO. T 3 LXXVII. Cliché uniface étain
68 millim., par Andrieu.

197 — Variété par Montagny. MARENGO. Étain uniface 58 millim.

198 — **Bonaparte.** Son buste à g. par Lavy. ℞ Hercule relevant
la République cisalpine. Victoire écrivant. HOSTIBVS. PROPE.
MARENGVM... M 24 VII. T 5 LXXVII. Arg. 52 millim.

199 — **Bonaparte.** Buste à dr. par Andrieu. ℞ La Bavière et la
Victoire. ENTRÉE. DES. FRANÇAIS. A. MVNICH. T 2 LXXVIII. Br.
59 millim.

200 — Même avers. ℞ Mars franchissant les Dieux du Rhin et du
Danube. ARMÉE. DV. RHIN. MOREAV. GÉN. EN. CHEF. T 1 LXXVIII.
Br. 59 millim.

201 — **Bonaparte.** Buste à g. par Chavanne. LES. LYONNAIS.
RECONN. ℞ LE. X. MESSIDOR. AN. VIII. M 31 IX. T 3 LXXVIII.
Br. 43 millim.

202 — **1800. Bonaparte.** Tête à g. par Mercié. REEDIFICATEVR.
DE. LYON. ℞ VAINQVEVR. A. MARENGO. M 32 IX. T 4 LXXVIII.
Br. 44 millim.

203 — **Bonaparte.** Son buste à dr. par Duvivier. ℞ LE. PEVPLE.
FRANÇAIS. A SES. DEFENSEVRS. PREMIERE. PIERRE. DE. LA. COLONNE.
M 29 IX. T 7 LXXVIII. Arg. 55 millim.

204 — Variété plus petite. M 30 IX. T 6 LXXVIII. Arg. 41 millim.

205 — **An VIII.** PARIS. FONDATION. DV. QVAI. DESAIX. ℞ 1er CONSVL.
BONAPABTE. M 27 VIII. T 8 LXXVIII. Br. 41 millim.

206 — Les Trois Consuls. Bustes accolés à dr. par Gatteaux.
℞ GVERRE. DE. LA. LIBERTÉ. COLONNE. DEPARTEMENTALE. M 28 IX.
T 9 LXXVIII. Arg. 60 millim.

207 — Renommée. AUX BRAVES DV. DEP. DV. RHÔNE. ℞ IL. SERA. ELEVÉ.
M 33 X. T 2 LXXIX. Arg. 33 millim.

208 — **Turenne.** Buste à g. par Auguste. ℞ TRANSLATION. DV. CORPS.
DE. TVRENNE. M 34 XI. T 6 LXXIX. Arg. 50 millim.

209 — **An III. Bonaparte.** Tête à dr. par Manfredini. ℞ Les
Parques et le Destin. DVX. TVTVS. AB. INSIDIIS. (Attentat à la
vie). M 36 XVI. T 3 LXXX. Br. 58 millim.

210 — **An 9. Bonaparte.** Buste à g. par Duvivier. ℞ La Paix
entre 4 fleuves. LA. FRANCE. VICTORIEVSE. PAIX. CONTINENTALE.
M 40 XII. T 2 LXXXII. Br. 56 millim.

211 — **Bonaparte.** Buste à g. par Droz. ℞ Soleil sur le globe.
PAIX. DE. LVNEVILLE. M 42 XI. T 3 LXXXII. Br. 55 millim.

212 — **An IX. Bonaparte.** Buste en uniforme à dr. ℞ La Paix
debout. PAIX. DE. LVNEVILLE. M 41 XII. T 4 LXXXII. Arg.
41 millim.

213 — Deux Epoux près d'un autel, par Andrieu. ℞ Couronne de roses. Inscriptions gravées. (Médaille de mariage). T 6 LXXXII variété. Arg. 42 millim.

214 — **1801.** La Paix debout. ℞ Minerve et Pallas. LVNÉVILLE. M. 49 XXVI. T 7 LXXXII. Arg. 36 millim.

215 — **Bonaparte.** Buste en uniforme à dr. ℞ SAGESSE. DANS. LES. CONSEILS. M 45 XV. T 9 LXXXII. Arg. 38 millim.

216 — Même pièce. Br. 38 millim.

217 — La Paix couronnant un homme, près d'elle Minerve LUN : VILL. D. 9. FEBR. ℞ Guerrier devant une charrue par Krüger. T. 5 LXXXIII. Arg. 42 millim.

218 — Coq. ℞ PAIX. ET. AMITIÉ ENTRE. LA. FRANCE. ET. LA. RVSSIE. M 397 LXII. T 3 LXXXV. Arg. 28 millim.

219 — Code Toscan ouvert. AV. ROI. D'ETRVRIE ℞. génie ailé. (Visite du roi à la Monnaie.) M 133 XI. T 6 LXXXV. Arg. 33 millim.

220 — Même pièce. Br. 33 millim.

221 — Variété anépigraphe. Br. argenté 33 millim.

222 — **An 9. Brune.** Son buste en général à g. par Salvirch. ℞ HELVETICO. BATAVO. CENOMANO.... M 128 XVI. T 1 LXXXVI. Arg. 52 millim.

223 — **1801. Abbé de Lépée.** Buste à g. par Duvivier. ℞ AV. GÉNIE. INVENTEVR. DE. L'ART. D'INSTRVIRE. LES. SOVRDS. MVETS... M. 183 XIV. T 9 LXXXVIII. Br. 41 millim.

224 — COLONNA. NAZIONALE. REPVB. LIGVRE. ℞ LIBERTA. EGVAGLIANZA. M 147 XXIII. Br. 37 millim.

225 — **An 10.** Le Génie des Arts et la République Cisalpine COMIZI. CISALPINI. IN. LIONE. ℞ VOTI. PVBLICI. M 57 XVII. T. 2. LXXXIX. Arg. 54 millim.

226 — **Bonaparte.** Son buste à g. par Mercié de *Lyon.* LEGES. MVNERA. PACIS. ℞ AVSPICE. BONAPARTE. INTER. GALLOS. GALLO-RVM. NEPOTES. CISALPINI. M 58 XVIII. T 3 LXXXIX. Arg. 48 millim.

227 — **1802. Bonaparte.** Buste à g. par Dumarest. ℞ Mars et l'Angleterre. PAIX. D'AMIENS. M 51 XVI. T 6 LXXXIX. Br. 50 millim.

228 — **Bonaparte.** Sa tête à g. par Droz. ℞ la Justice sur le globe LE. RETOVR. D'ASTRÉE. Tranche : PAIX. GÉNÉRALE. A. AMIENS. M 52 XI. T 10 LXXXIX. Arg. 40 millim.

229 — **Bonaparte.** Buste nu à dr. par Andrieu. ℞ Victoire écrivant A. LA. GLOIRE. DES. ARMÉES. FRANÇAISES. PAIX. GÉNÉRALE. T 1 XC. Arg. 52 millim.

230 — **S. d. 1802. Bonaparte.** Buste en uniforme à dr. ℞ couronne PACIFICO. M 47 X. T 2 XC. Br. 24 millim.

231 — **An X. Bonaparte.** Son buste nu à dr. par Andrieu. ℞ la France relevant la religion. RETABLISSEMENT DV CVLTE. M 61 XXIX. T 6 XC. Arg. 50 millim.

232 — **An IV. Bonaparte.** Tête nue à dr. par Andrieu. ℞ Etudiant lisant L'INSTRVCTION. PVB. EST. ORGANISÉE. M 60 XXVII. T 7 XC. Br. 41 millim.

233 — **1802.** Les trois Consuls. Leurs bustes à dr. par Jeuffroy. ℞ LE. CQRPS. LEGISLATIF. AVX. CONSVLS.... M. 55 XVII. T 9 XC. Arg. 65 millim.

234 — **An 10. Bonaparte.** Buste à dr. par George. ℞ PERPETVI. CONSULIS. NOMINI.... M 407 LXV. T 3 XCI. Br. 31 millim.

235 — **S. d. 1802. Bonaparte.** Sa tête laurée à g. par Lavy. ℞ Couronne VQTA. PVBLICA. (Réunion du Piémont à la France.) M 73. XXIV. T 7 XCI. Arg. 48 millim.

236 — **1802.** Déesse debout. SOCIÉTÉ. D'ENCOURAGEMENT. ℞. Couronne. M 190 XXXVII. T 3 XCII. Br. 54 millim.

237 — **An 10. Bonaparte.** Buste par Poize. MARSEILLE. RECONNAIS-SANTE. ℞. Colonne. M 63 XIII. T 4 XCII. Br. 44 millim.

238 — **Conservatoire de musique.** Apollon debout. ÉPOQVE. DE. LA. PAIX. GÉNÉRALE. ℞. FONDÉ. EN. 1789. M 197 XXXIX. T 5 XCII. Arg. 50 millim.

239 — **1802. Dr Sacco.** La Santé et un enfant devant son buste. ℞. IENNERIANAE. INSITIONIS. M 405 LXIV. Br. 52 millim.

240 — **An XI. Bonaparte.** La tête à dr. p. Tiolier. ℞. LE. 1ᵉʳ. CONSUL. VISITE. L'HOTEL. DES. MONNAIES. M. 411 LXV. T 2 XCIV. Arg. 34 millim.

241 — **1803. Bonaparte.** Buste à g. par Auguste. ℞. LA. VILLE. DE. LILLE. AV. PREMIER. CONSVL. M 73 XXIX. T 3 XCIV. Br. 50 millim.

242 — **S. d. 1803.** Cornue, serpent. AV. SOULAGEMENT. DE. L'HUMA NITÉ. ℞. Couronne. (Écoles de Pharmacie.) M 71 XXV. T 4 XCIV. Arg. 38 millim.

243 — **1803.** Aigle tenant un livre. ACTE. DE. MEDIATION. ℞. Bâti-ment. PREMIÈRE. ASSEMBLÉE. DV. GRAND. CONSEIL. DE. VAVD. M 412 LXIII. T 5 XCIV. Arg. 45 millim.

244 — **An IV.** Léopard déchirant un traité. LE. TRAITÉ. D'AMIENS. ROMPV. ℞. Victoire au galop. L'HANOVRE. OCCVPÉ. M 69 XXX. T 7 XCIV. Br. 41 millim.

245 — **An XI. Bonaparte.** Buste par Dupré. ℞. Statue de *Jeanne d'Arc à Orléans.* M 62 XXVI. T 1 XCV. Br. 55 millim.

246 — **David Leroy.** Buste à dr. par Duvivier. ℞. Colonne. VOTÉ. PAR. LES. ARCHITECTES. SES. ÉLÈVES. M 185 XXVII. T 4 XCV. Br. 41 millim.

247 — Buste de Minerve à dr. INSTITUT. NATIONAL. DES. SCIENCES. ℞. Couronne. M 167 XXI. T 5 XCV. Br. 50 millim.

248 — Variété. INSTITVT. IMPÉRIAL. DE. FRANCE. (sans date : 1807). T 5 XIX. Br. 50 millim.

249 — **An IV. Bonaparte.** Sa tête à g. par Brenet. ℞. La Fortune en une barque. A. LA. FORTVNE. M 72 XVI. T 6 XCV. Arg. 33 millim.

250 — **1803. Napoléon.** Tête casquée. ARME. POVR. LA. PAIX. ℞. Ibis. M 67 XVI. T 8 XCV. Br. 14 millim.

251 — **Bonaparte.** Tête à dr. par Jeuffroy. ℞. Vénus debout. AVX. ARTS. LA. VICTOIRE. M 70 XXX. T 9 XCV. Br. 41 millim.

EMPIRE

T. — Trésor de numismatique. Médailles de l'Empire Français.

252 — **1804.** Napoléon assis distribuant la Légion d'honneur. HONNEVR. LEGIONNAIRE. ℞ Plan du camp de Boulogne. M 80 XXXI. T 14 I. Arg. 41 millim.

253 — **Napoléon.** Tête laurée à dr. ℞ Hercule enchaînant le Léopard britannique. CAMP. DE. BOVLOGNE. T 6 II. Arg. 41 millim.

254 — **Napoléon.** Tête laurée à dr. par Jeuffroy. ℞ Hercule et le Léopard britannique. EN. L'AN. XII. 2,000 BARQVES. SONT. CONSTRVITES. M 81 XXX variété. T 7 II variété. Br. 41 millim.

255 — **An XIII.** Napoléon debout par Brenet. ℞ Minerve debout. LE. CODE. CIVIL. EST. DÉCRÉTÉ. M 82 XXV. T 9 II. Br. 41 millim.

256 — **Napoléon.** Tête par Andrieu. ℞ L'Empereur sur le Pavois. LE. SENAT. ET. LE. PEVPLE. M 83 XXXII. T 1 III. Arg. 41 millim.

257 — Variété plus petite. T 2 III. Arg. 32 millim.

258 — Variété, tête à g. par Droz. T 3 III. Arg. 26 millim.

259 — Même pièce, or 26 millim., poids 14 gr.

260 — Variété, tête à dr. par Jeuffroy. T. 4 III, or 13 millim., poids 2 gr.

261 — **1804.** Napoléon porté sur le pavois par 4 guerriers moyennageux. ℞. NAPOLÉON. BONAPARTE. LE. TRÈS. GLORIEVX. SE. FAIT. SACRER. M 94 XXXVI. T 7 III. Arg. 43 millim.

262 — **An XIII.** Napoléon debout en grand costume. ℞ Le Pape sacrant l'Empereur. NAPOLEON. SACRÉ. A. PARIS. T 8 III. Etain populaire 41 millim.

263 — **1804. Pie VII.** Buste à dr. par Droz. ℞ Notre-Dame de Paris. IMPÉRATOR. SACRATVS. M 87 XXXI. Variété. T 13 III. Arg. 41 millim.

264 — **An XIII. Napoléon.** Tête à g. par Droz. ℞ DRAPEAVX DONNÉS A L'ARMEE. M 90 XXXIII. T 7 IV. Arg. 26 millim.

265 — Même pièce. Br. 26 millim.

266 — Même avers. ℞ Tombeau. NAPOLEON. AVX. MANES, DE. DESAIX. M 98 XVII. T 3 VIII. Arg. 26 millim.

267 — NAPOLÉON. POSE. LA. PREMIÈRE. PIERRE. DV. TOMBEAV. ℞ Le précédent. M 98-99 XVII. T 5 VIII. Br. 26 millim.

268 — **Napoléon**. Tête par Galle à g. ℞ Napoléon assis et Paris debout. TVTELA PRAESENS. M 88 XXXII. T 8 IV. Br. 68 millim.

269 — **Joséphine et Napoléon**. Leurs têtes accolées à dr. par Brenet. ℞ Aigle. FÊTES DV COVRONNEMENT. M 89 XXXII. T 9 IV. Arg. 35 millim.

270 — Même pièce. Br. 35 millim.

271 — **1804**. MINES. ET. VSINES. DV. HARZ. PROTÉGÉES. PENDANT. LA. GVERRE. ℞ L'ARMÉE. D'HANOVRE. A. NAPOLÉON. M 74 XV. T 12 IV. Arg. 44 millim.

272 — **Napoléon**. Tête par Andrieu. ℞ Esculape et Vénus. LA. VACCINE. M 93 XXIX. T 4 V. Br. 41 millim.

273 — **S. d. 1804. Napoléon**. Tête à dr. par Andrieu. ℞ La Salle du Laocoon au Louvre. M 77 30; T 5 V. Arg. 34 millim.

274 — Même avers. ℞ La Salle de l'Apollon au Louvre. M 77 30. T 6 V. Arg. 34 millim.

275 — Variété formée des 2 revers ci-dessus. T 7 V. Arg. 34 mil.

276 — **1804**. La Monnaie et l'Histoire debout près d'un balancier. ℞ Couronne de laurier. M 92 XXIX; T 7 VI. Br. 41 mil.

277 — **1805. Pie VII**. Buste à dr. par Droz. ℞ Parasol. S.S. PIE. VII. A. VISITÉ. LA. MONNAIE. M 95 XXXI. T 1 VII. Br. 41 millim.

278 — **Napoléon**. Tête à dr. par Andrieu. ℞ Couronne de fer. COVRONNÉ. A. MILAN. M 96 XXXIII. T. 5 VII. Br. 41 millim.

279 — **Napoléon**. Tête laurée à g. par Manfredini. ℞ L'Italie remet la couronne de fer à Napoléon debout. VLTRO. T 7 VII. Arg. 41 millim.

280 — **Napoléon**. Tête à g. par Manfredini. ℞ Ecussons des 5 Etats d'Italie. M 97 XXXVIII. T 8 VII. Arg. 43 millim.

281 — **Napoléon**. Tête par Andrieu. ℞ Napoléon accueillant Gênes. LA. LIGVRIE. RÉVNIE. A. LA. FRANCE. M 101 XXIX. T 9 VII. Br. 41 millim.

282 — **Napoléon**. Buste en grand costume par Vassalo. ℞ Buste de Janus et socle aux armes de Gênes. FELICI. FAVSTOQ... M 100 XXXIII, T 6 VIII. Br. 50 millim.

283 — **S. d. 1805. Napoléon**. Tête par Andrieu. ℞ Le Mont-Blanc sous les traits d'un vieillard. ÉCOLE. DES. MINES. DV. MONT. BLANC. M 79 XXIII. T 9 VIII. Br. 41 millim.

284 — **1805. Napoléon**. Tête laurée par Andrieu. ℞ Aigle devant le trône. L'EMPEREVR. COMMANDE. LA. GRANDE. ARMÉE. M. 103 XXXIV variété. T 13 VIII. Br. 41 millim.

285 — **Napoléon**. Tête laurée à dr. par Andrieu. ℞ L'Empereur à cheval harangue l'armée sur le Pont du Lech. ALLOCVTION. A. L'ARMÉE. M 104 XXXIV. T 15 VIII. Arg. 41 millim.

286 — **Napoléon**. Tête par Andrieu. ℞ Napoléon en un bige. CAPITVLATION. D'VLM... M 105 XXXIV. T 16 VIII. Br. 41 mill.

287 — **Napoléon**. Tête par Andrieu. ℞ Hercule debout entre 2 villes à genoux. PRISE. DE. VIENNE. ET. PRESBOVRG. M 106 XXXIV. T 7 IX. Arg. 41 millim.

287 *bis* — Même pièce. Br. 41 millim.

288 — **Napoléon**. Tête casquée à g. par Manfredini. ℞ Vienne assise pleurant. VINDOBONA. CAPTA. M 107 XXXIV. T 8 IX. Arg. 41 millim.

289 — **Napoléon**. Tête par Droz. ℞ Foudre ailé. BATAILLE. D'AVSTERLITZ. M 109 XXXIV. T 9 IX. Br. 41 millim.

290 — **Napoléon**. Tête par Andrieu. BATAILLE D'AVSTERLITZ. ℞ Bustes en regard d'Alexandre de Russie et François II. M 110 XXXV. T 10 IX. Br. 41 millim.

291 — **Napoléon** et **Murat** debout reçoivent les maires de Paris. PANNONIA. SVBACTA. ℞ Renommée. DE. GERMANIS. M 112 XXXVII. T 2 X. Br. 68 millim.

292 — **Napoléon**. Tête laurée par Andrieu. ℞ Napoléon et l'Empereur d'Autriche. ENTREVVE. A VRCHITZ. M III XXXV. T 1 X. Br. 41 millim.

293 **Napoléon**. Tête laurée par Droz. ℞ Le Temple de Janus fermé. PAIX. DE. PRESBOVRG. M 113 XXXV. T 4 X. Br. 41 millim.

294 — **Napoléon**. Tête par Andrieu. ℞ Le Pont du Rialto. VENISE. RENDVE. A. L'ITALIE. M 115 XXXV. T 7 X. Arg. 41 millim.

295 — **Napoléon Ier**. Tête par Andrieu. ℞ La Cathédrale de Vienne. ACTIONS. DE. GRACE. POVR. LA. PAIX. M 114 XXXIV. T 8 X. Br. 41 millim.

296 — **S. d. 1805. Elisa Bonaparte et Félix, Prince de Lucques et Piombino**. Leurs bustes en regard. ℞ ACAD. LVCENSIVM. M 116 XXXIII. T 2 XI. Arg. 48 millim.

297 — **Napoléon**. Tête laurée à dr. par Andrieu. ℞ Esculape et Télesphore. ÉCOLES. DE. MÉDECINE. M 102 XXIX. T 5 XI. Arg. 41 millim.

298 — **1805. Napoléon**. Tête par Andrieu. ℞ COLONNE. DE. LA. ARMÉE. La place Vendôme. M 123 XXXVI. T 13 XI Br. 41 millim.

299 — **Saliceti**. Buste de face par Vassalo. ℞ TANTO. VIRO. AVSPICI. SVO. T 1 XII. Arg. 48 millim.

300 — **1806. Napoléon**. Tête par Andrieu. ℞ Temple de Jupiter à Spalatro. LA. DALMATIE. CONQVISE. M 119 XXXV. T 2 XIII. Br. 41 millim.

301 — **Napoléon**. Tête par Andrieu. ℞ Taureau à face humaine. CONQVETE. DE. NAPLES. M 120 XXXV. T 5 XIII. Br. 41 millim.

302 — **Maximil. Jos. roi de Bavière.** Buste à dr. par Tiolier. ℞ S. A. R... VISITE. LA. MONNAIE. Tranche inscrite. BALANCIER. A. VIROLE. M 210 LIII. T 7 XIII. Br. 28 millim.

303 — **Napoléon.** Tête par Andrieu. ℞ STEPHANIE NAPOLEON. C. F. LOVIS. DE BADE. Les deux Epoux. M 122 XXXV. T 12 XIII variété. Br. 41 millim.

304 — **S. d. 1806. Nap. Louis I.** ROI. DE. HOLLANDE. CONN. DE. FRANCE. Sa tête à dr. par George. ℞ Ses armes. M 353 LVII. T 16 XIII. Arg. 50 millim.

305 — **1806. Napoléon.** Tête par Andrieu. ℞ Guerriers du Moyen âge prêtant serment. CONFÉDÉRATION. DV. RHIN. M 201 XL. T 4 XIV. Br. 41 millim.

306 — **Napoléon.** Tête par Andrieu. ℞ Jupiter foudroyant les Géants, BATAILLE. DE. IENA. M 202 XL. T 7 XIV. Arg. 41 millim.

307 — **Napoléon.** Tête laurée par Andrieu. ℞ Napoléon à cheval lançant la foudre. EXERCITV. AD. IENAM... M 203 XL. T 8 XIV. Br. 41 millim.

308 — **Napoléon.** Tête à droite par Manfredini. ℞ Jupiter sur un aigle. IENAE. M 204 XL. T 9 XIV. Arg. 41 millim.

309 — Même pièce. Br. 41 millim.

310 — **Napoléon.** Tête par Andrieu. ℞ Porte de Brandebourg. L'EMPEREVR. ENTRE. A. BERLIN. M 205 XL. T 14 XIV. Br. 41 millim.

311 — **Napoléon.** Tête par Andrieu. ℞ Quatre villes regardant Napoléon sur son aigle. CAPITVLATION. DE. SPANDAV. STETTIN... M 206 XL. T 15 XIV. Br. 41 millim.

312 — **Napoléon.** Tête par Andrieu. ℞ Hammonia assise. OCCV-PATION. D'HAMBOVRG. M 208 XL. T 16 XIV. Br. 41 millim.

313 — **Napoléon et Charlemagne.** Leurs bustes accolés à dr. ℞ Witikind et Frédéric-Auguste de Saxe. Leurs bustes accolés à dr. par Andrieu. M 207 XL. T 1 XV. Br. 41 millim.

314 — **Napoléon.** Tête par Andrieu. ℞ Table chargée de couronnes et trône. SOVVERAINETÉS. DONNÉES. M 121 XXXV. T 2 XV. Arg. 41 millim.

315 — Même pièce en br. 41 millim.

316 — **Napoléon le Grand.** Buste sous les traits d'Hercule à g. ℞ Couronne. ISTRIE. DALMATIE.. T 3 XV. Br. 50 millim.

317 — **Napoléon.** Tête à dr. KAISER. NAPOLEON. IN. BERLIN. ℞ L'Empereur assis et un invalide prussien. GIEBT. D. PR. INVAL. M 438 LXV. T 4 XV. Arg. 18 millim.

318 — **Napoléon.** Tête par Andrieu. ℞ L'Arc de triomphe du Carrousel. AVX. ARMÉES. M 124 XXXVI. T 10 XVI. Br. 41 millim.

319 — **Fracastor, Catulle** et **Maffei.** Leurs bustes. ℞ Minerve et un étudiant. M 440 LXVIII. T 16 XVII. Br. 44 millim.

320 — **S. d. 1806.** Armes du Royaume d'Italie. CORRIERE. DEL. REGNO. D'ITALIA. T 13 XVIII. Arg. uniface 51 millim.

321 — **1807. Napoléon.** Tête par Andrieu. ℞ La Vistule couchée. SIGNIS. VLTRA. VISTVLAM... M 211 XLI. T 1 XIX. Br. 41 millim.

322 — **Napoléon.** Tête par Andrieu. ℞ L'Empereur nu assis sur des trophées. BATAILLE. DE. PREVSS. EYLAV. M 212 XLI. T 6 XIX. Br. 41 millim.

323 — **Cambacérès.** Buste à dr. par Jaley. ℞ Leg. maçonnique. O.'. DE. PARIS. A. SON. GRAND. MAITRE. T 7 XIX. Br. 41 millim.

324 — **S. d. 1807. Napoléon.** Tête par Andrieu. ℞ FABIVS. CVNCTATOR. Tête à g. M 213 XLI. T 8 XIX Br. 41 millim.

325 — **1807. Napoléon.** Tête par Andrieu. ℞ Napoléon nu remet son épée au fourreau. BATAILLE. DE. FRIEDLAND. M 215 XLI. T 9 XIX. Br. 41 millim.

326 — **S. d. 1807. Napoléon.** Tête par Andrieu. ℞ Victoire à dr. écrivant : XIV. IVIN. MARINGO. FBIEDLAND. M 216 XLI. T 10 XIX. Br. 41 millim.

327 — **1807. Napoléon.** Tête par Andrieu. ℞ Berlin, Varsovie, Kœnigsberg debout. CAMPAGNE. DE. MDCCCVI. M 217 XLI. T 11 XIX. Br. 41 millim.

328 — **Napoléon.** Tête par Andrieu. ℞ Victoire et la Paix devant une colonne. CONQVÊTE. DE. LA. SILÉSIE. M 218 XLI. T 12 XIX. Br. 41 millim.

329 — **Napoléon, Alexandre Ier, F. Guillaume III.** Leurs bustes accolés à dr. ℞ Le Niémen assis. PAIX. DE. TILSITT. M 219 XLI. T 1 XX. Br. 41 millim.

330 — **Napoléon.** Tête par Andrieu. ℞ Napoléon relevant Dantzig. LIBERTAS. DANTISCO. RESTITVTA. M 214 XLI. T 1 XXI. Br. 41 millim.

331 — **Napoléon.** Tête par Andrieu ℞ Couronne sur un trône. PRISCA DECORA. RESTITVTA (Royaume de Pologne) M 223 XLII. T 2 XXI. Br. 41 millim.

332 — **Napoléon.** Buste en uniforme à dr. ℞ Frédéric-Auguste, Roi de Saxe. Buste en uniforme à g. (séjour à Dresde). M 222 XLIII. T 3 XXI. Arg. 41 millim.

333 — **Napoléon.** Tête laurée par Andrieu. ℞ Ephèbe un arrêtant un cheval. ERECTION. DU. ROYAVME. DE. WESTPHALIE. M 224 XLII. T 7 XXI. Br. 41 millim.

334 — **Napoléon.** Tête par Andrieu. ℞ L'Amour et l'Hymen tressant des roses. J. NAPOLÉON. C. DE. WVRTEMBERG... M 225 XLII. T 9 XXI. Br. 41 millim.

335 — LL. M. M. LE. ROY. ET. LA. REINE. DE. WESTPHALIE. VISITENT. LA. MONNAIE. ℞ Le précédent. M 442 LXVII. T 3 XXII. Br. 41 millim.

336 — **Napoléon.** Tête par Andrieu. ℞ Aigle couronné par la victoire. M 230 XLII. T 5 XXII. Br. 41 millim.

337 — **1808. Napoléon**. Tête par Andrieu. ℞ Napoléon accueille l'Etrurie. RÉUNION. DE. L'ETRURIE. A. LA. FRANCE. M 227 XLII. T 6 XXV. Br. 41 millim.

338 — **Murat**. Buste en uniforme à g. ℞ Vue de l'attaque de l'Ile de Capri. PRESA. DI. CAPRI. M 368 LIX. T 1 XXVII. Br. 58 millim.

339 — **Napoléon**. Sa tête par Andrieu. ℞ L'Empereur en un bige foudroie le génie de l'Inquisition. BATAILLE. DE. SOMMO. SIERRA. M 235 XLII. T 10 XXVII. Arg. 41 millim.

340 — Même pièce. Br. 41 millim.

341 — **Napoléon**. Tête par Andrieu. ℞ La Porte de Alcala. ENTRÉE. DES. FRANÇAIS. A. MADRID. M 234 XLII. T 11 XXVII. Br. 41 millim.

342 — **S. d. 1808. Pauline Bonaparte**. Sa tête à g. ℞ Les Trois Grâces. M 294 LIII, T1XXVIII. Arg. 23 millim.

343 — Même avers. ℞ S. A. I. VISITE. LA. MONNAIE. T 2 XXVIII. Arg. 23 millim.

344 — **Hortense Bonaparte**. Sa tête à dr. ℞ Chevalet et attributs de la peinture. T 5 XXVIII. Arg. 23 millim.

345 — Même avers. ℞ S. A. I. VISITE. LA. MONNAIE. M. 295. LIII. T 6 XXVIII. Arg. 23 millim.

346 — **Elisa Bonaparte**. Sa tête à dr. ℞ Déesse tenant une roue. VIA. DA. LVCCA... T 7 XXVIII. Arg. 23 millim.

347 — Même avers. ℞ S. A. I... VISITE. LA. MONNAIE. M. 292 LIII. T 8 XXVIII. Arg. 23 millim.

348 — **Caroline Bonaparte**. Sa tête à dr. ℞ Taureau à face humaine. M 293 LIII. T 3 XXVIII. Arg. 23 millim.

349 — Même avers. ℞ S. A. I... VISITE. LA. MONNAIE. T 4 XXVIII. Arg. 23 millim.

350 — **S. d. Vivant Denou**. Son buste à g. par Galle. ℞ Statues égyptiennes : ELLES. PARLERONT. POVR. LVI. M 296 LIII variété. T 12 XXIX. Arg. 19 millim.

351 — **1808. Napoléon**. Tête à dr. par Tiolier. ℞. L'Académie des Beaux-Arts de France à Rome. M. 236 XLVIII. T 18 XXIX. Arg. 41 millim.

352 — **S. d. 1809. Elisa Bonaparte**. Sa tête à dr. ℞. Félix Prince de Lucques et Piombino. Sa tête à g. par Santarelli. M 372 LX. T 3 XXXI. Arg. 42 millim.

353 — **1809. Murat**. Sa tête à g. ℞. Trophée de drapeaux ALLE. LEGIONI. PROVINCIALI. M. 370 LX. T 7 XXXI. Arg. 38 millim.

354 — Temple de Janus. TRAITÉ. DE. PRESBOVRG. ROMPV. ℞. L'Empereur entre 2 trophées. ABENSBERG. ECKMVHL. M 237 XLIV. T 8 XXXI. Br. 41 millim.

355 — **Napoléon**. Sa tête nue à g. par Vassalo. ℞. Encelade et l'Etna. AVSTRIACIS. FVLMINE. DEIECTIS. (Ratisbonne.) M 238 XLIV. T 9 XXXI. Arg. 42 millim.

356 — La Porte Saint-Martin. ℞. La Porte de Carinthie. L'EMPE-
REVR. ENTRE. A. VIENNE. M 239 XLIV. T 11 XXXI. Br. 41 millim.

357 — **Napoléon**. Tête à dr. par Andrieu. ℞. Le Tibre couché.
AQVILA. REDVX. (Rome réunie à la France.) M 243 XLV. T 1
XXXII. Br. 41 millim.

358 — **Napoléon**. Tête par Andrieu. ℞. Têtes accolées à g. de
Paris et Rome. PARIS. ROME. M 244 XLV. T 2 XXXII. Arg.
41 millim.

359 — **Napoléon**. Tête par Andrieu. ℞. Le Dieu du Raab. LES.
AIGLES. FRANÇAISES. AV. DELA. DU. RAAB. M 242 XLV. T 7 XXXII.
Br. 41 millim.

360 — Le Danube détruisant un pont de bateau. AD. ESLINGAM. ℞.
L'Armée franchissant un pont. M 240 XLIV. T 12 XXXII.
Br. 41 millim.

361 — **Napoléon**. Tête par Manfredini. ℞. Victoire lançant la
foudre. HOSTIBVS. VBIQUE. M 248 XLVIII. T 15 XXXII. Br.
42 millim.

362 — **Napoléon**. Tête à dr. par Andrieu. ℞. Pàris assis et les
nymphes de l'Ourcq et de la Seine. VRCA. PARISIOS. DEDVCTA.
M 266 XLVI. T 3 XXXIII. Br. 41 millim.

363 — Jupiter assis. NAPOLÉON. A. SCHOENBRVNN. ℞. Ville debout.
ANVERS. ATTAQVÉE. M 241 XLIV. T 4 XXXIII. Br. 41 millim.

364 — **Napoléon**. Tête laurée à dr. par Rabouot. ℞. Renommée
à g. par Duvivier. CAMPAGNE. DE. 1809. T 8 XXXIII. Br.
55 millim.

365 — **Napoléon**. Tête par Andrieu. ℞. L'Empereur nu debout.
PAIX. DE. VIENNE. M 249 XLV. T 1 XXXIV. Br. 41 millim.

366 — **Frédéric-Auguste**. Son buste à dr. par Andrieu. ℞. S. M.
LE. ROI. DE. SAXE. VISITE. LA. MONNAIE. M 250 XLV. T 6 XXXIV.
Arg. 41 millim.

367 — **S. d. 1809. Napoléon**. Tête à g. par Vassalo. ℞. Couronne
LICEO. CONVITTO. DI. NOVARA. M 476 LXVIII. T 11 XXXV. Br.
coulé 43 millim.

368 — **1809. Napoléon**. Buste à dr. par Droz. ℞. La Fortune
assise. LA. BANQVE. DE. FRANCE. M 252 L. T 2 XXXVI. Br.
68 millim.

369 — Même avers. ℞. La Fortune remettant une décoration à un
vieillard. T 4 XXXVI. Br. 68 millim.

370 — **Napoléon**. Tête à dr. par Droz. ℞. A. PIERRE. VIGNON. LES.
NOTABLES. COMMERÇANTS. DE. PARIS. M 465 LXX. Br. 68 millim.

371 — **1810. Roi et Reine de Bavière**. Leurs bustes accolés à
dr., par Andrieu. ℞ LL. MM. VISITENT. LA. MONNAIE. M 253
XLV. T 1 XXXVIII. Br. 41 millim.

372 — **Maximilien. Joseph**. Armes de Bavière. ℞ L.L. M.M...
VISITENT. LA. MONNAIE. Tranche inscrite : BALANCIER. A, VIROLE.
M 254 LIII. T 2 XXXVIII. Br. 28 millim.

373 — **Napoléon, Marie-Louise.** Bustes en regard, par Harnisch. ℞ Vienne écrivant. VOTA. PVBLICA. M 260 XLVII. T 3 XXXVIII. Arg. 48 millim.

374 — Mêmes bustes en regard. ℞ L'Hymen couronnant un écusson. M 261 XLVII. T 6 XXXVIII. Arg 48 millim.

375 — Bustes accolés de Napoléon, Marie Louise, et de l'Empereur d'Autriche et sa femme. ℞ La Concorde assise. M 262 XLVII. T 5 XXXVIII. Arg. 33 millim.

376 — **Napoléon. Marie-Louise.** Bustes accolés à dr., par Andrieu. ℞ Les Epoux près d'un autel. M 256 XLVI. T 2 XXXIX. Arg. 41 millim.

377 — Variété plus petite. T 4 XXXIX. Arg. 32 millim.

378 — Variété, les bustes par Galle. T 5 XXXIX. Arg. 26 millim.

379 — **Napoléon et Marie-Louise** debout près de l'autel de l'hyménée. ℞ Flèche et flambeau de l'hyménée en une couronne. T 3 XXXIX. Arg. 41 millim.

380 — **Napoléon, Marie-Louise.** Têtes accolées à dr., par Andrieu. ℞ L'Amour portant la foudre. M 257 XLVI. T 8 XXXIX. Br. 15 millim.

381 — **Napoléon et Marie-Louise.** Leurs têtes accolées à g., par Mercié. ℞ La Ville de *Lyon* écrivant VOTA. LVG. OB, FELICITATEM. M 462 LXX. T 9 XXXIX. Arg. 48 millim.

382 — **Napoléon et Marie-Louise.** Têtes accolées à dr., par Manfredini. ℞ Mars chassé par l'amour. SAEVVM. PROCVI. MARTEM. M 258 XLVI. T 10 XXXIX. Arg. 42 millim.

383 — Même pièce. Br. 42 millim.

384 — **Grand Duc de Wurtzbourg.** Son buste à dr. ℞ S. A. I... VISITE. LA. MONNAIE. M 264 XLVI. T 5 XL. Br. 33 millim.

385 — **Napoléon.** Tête laurée à g., par Galle. ℞ NAPOLÉON. A. LA. MÉMOIRE. DV. DVC. DE. MONTEBELLO. M 268 L. T 7 XL. Arg. 68 millim.

386 — **Napoléon.** Tête à dr., par Andrieu. ℞ Desaix debout nu et obélisque. A. DESAIX. M 265 XLVI. T 8 XL. Br. 41 millim.

387 — **Napoléon.** Buste nu lauré à g. par Mercandetti. ℞ LABORI. ET. INDVSTRIAE. PRAEMIVM. M 463 LXIX. T 9 XL. Arg. 64 millim.

388 — **Napoléon.** Tête par Andrieu. ℞ Jeune fille assise au pied d'un tombeau. ORPHELINES. DE. LA. LEGION. D'HONNEVR. M 267 XLVIII. T 8 XLV. Arg. 41 millim.

389 — **1811. Napoléon, Marie-Louise.** Têtes accolées à d. par Andrieu. ℞ NAPOLEON. ROI. DE. ROME. Son buste enfantin à g. T 3 XLIX. Arg. 41 millim.

390 — **Roi de Rome.** Son buste enfantin à g. par Andrieu. ℞ Matrone romaine. NAISSANCE. M 270 XLVIII. T 5 XLIX. Br. 41 millim.

391 — **Napoléon. Marie-Louise.** Leurs têtes accolées à dr. par Andrieu. ℞ Buste enfantin du Roi de Rome à g. NAPOLEON. FRANÇOIS. ROI. DE. ROME. T 6 XLIX. Or 32 millim., poids 32 gr.

392 — Variété plus petite. T 7 XLIX. Or 15 millim., poids 3 gr. 5.

393 — Même pièce. Arg. 15 millim.

394 — **Roi de Rome**. Buste avec beguin à dr. ℞ PARIS. ROME. Leurs bustes accolés à dr. T 8 XLIX. Arg. 18 millim.

395 — Mars présenté à Minerve assise le Roi de Rome. ℞ LABORI. ET. INDVSTRIAE. PRAEMIVM. M 272 XLIX. T 10 XLIX. Arg. 65 millim.

396 — **S. d. 1811**. Têtes accolées de Napoléon, Marie-Louise. ℞. La Louve. Arg. 6 millim.

397 — Même avers. ℞ Buste du Roi de Rome à dr. Arg. 6 millim.

398 — **1811**. Bustes en regard de Napoléon et Marie-Louise par Stuckhart. ℞ L'Amour remettant à une femme assise le nouveau-né. REX. ROMAE. NATVS. M 471 LXX. T 1 L. Br. 50 millim.

399 — **Napoléon** debout présentant le Roi de Rome. BAPTÊME. DV. ROI. DE. ROME. ℞ A. L'EMPEREVR. LES. BONNES. VILLES. M 271 XLIX. T 13 L. Br. 68 millim.

400 — Nymphe couchée. ℞ G. DE. STASSART. PRESIDENT. DE. L'ATHENÉE. DE VAVCLVSE. M 273 L. T 1 LII. Br. 42 millim.

401 — **Élisa Bonaparte**. Buste à dr. par Galle. ℞ Colonne. AVGVSTAE. CONDITRICI. M 453 LXIX. T 7 LII. Br. 36 millim.

402 — **Napoléon**. Tête par Andrieu. ℞ Napoléon et 2 chefs polonais. PRISE. DE. WILNA. M 274 LI. T 3 LIII. Br. 41 millim.

403 — **Napoléon**. Tête par Andrieu. ℞ Le Borysthène assis. L'AIGLE. FRANÇAISE. SVR. LE. BORYSTHÈNE. M 277 LI. T 5 LIII. Br. 41 millim.

404 — **Napoléon**. Tête par Andrieu. ℞ Hussard français chargeant. BATAILLE. DE. LA. MOSKOWA. M 275 LI. T 6 LIII. Br. 41 millim.

405 — **Napoléon**. Tête laurée à dr. par Droz. ℞ Hercule et les Géants. BATAILLE. DE. LA. MOSKOWA. T 7 LIII. Br. 55 millim.

406 — **Napoléon Ier**. Tête par Andrieu. ℞ Le Kremlin. ENTRÉE. A MOSCOV. M 276 LI. T 8 LIII. Br. 41 millim.

407 — **Napoléon**. Tête laurée par Andrieu. ℞ Le Volga et l'Aigle Française. L'AIGLE FRANÇAISE. SVR. LE. WOLGA. M 278 LI. T 11 LIII. Br. 41 millim.

408 — **Napoléon**. Tête par Andrieu. ℞ Borée chassant Mars. RETRAITE. DE. L'ARMÉE. M 279 LI. T 1 LIV. Br. 41 millim.

409 — **Napoléon** assis à g. ℞ Attributs de la peinture. ECOLE. FRANÇAISE. DES. BEAVX. ARTS. A. ROME. M 280 XLIX. T 7 LIV. Br. 59 millim.

410 — **S. d. 1812**. Aigle. GIACCHINO. NAPOLEONE. RE… ℞ PREMIO. AGLI. ALVNNI. DI. REALI. COLLEGI. M 480 LXXIV. T 9 LVI. Br. 32 millim.

411 — **1813**. Tête casquée de Minerve à g. par Jeuffroy. ℞ CORPS. LEGISLATIF. Inscription gravée : LAVR. DÉPVTÉ. DE. L'HÉRAVLT. T 1 LVII. Arg. 38 millim.

412 — **Napoléon**. Buste en uniforme par Depaulis. ℞ Cosaque et Prussien au galop. BATAILLE. DE. LVTZEN. M. 281 LI, T 9 LVII. Arg. 41 millim.

413 — **Napoléon**. Buste en uniforme à dr. par Depaulis. ℞ Faisceau de fusils et drapeaux. BATAILLE. DE. WVRTCHEN. M 282 LI, T 10 LVII. Arg. 41 millim.

414 — **Marie-Louise**. Tête par Andrieu. ℞ Balancier. L'IMPERATRICE. A HONORÉ. DE. SA. PRÉSENCE. LA. M. DES MEDAILLES. M 291 LIII. T 1 LVIII. Arg. 23 millim.

415 — **Napoléon**. Tête par Andrieu. ℞ Le trône sur le Mont-Cenis. EN. TROIS. MOIS. LA. FRANCE. ET. L'ITALIE. ARMENT. M 283 LI. T 9 LVIII. Arg. 41 millim.

416 — **Napoléon**. Tête par Andrieu. ℞ Nymphe en une barque CANAL. DE. MONS. A. CONDÉ. M 284 LII. T 4 LIX. Br. 41 millim.

417 — **1815. Napoléon**. Buste en uniforme à dr. DEFENSE. DE. L'EMPIRE. ℞ Marie-Louise. Son buste à g. REINE. ET. REGENTE. T 2 LX. Br. 41 millim.

418 — **Napoléon**. Tête par Andrieu. ℞ Aigle debout FEVRIER. MDCCCXIV. M 285 LII. T 7 LX. Br. 41 millim.

419 — **1814. Napoléon**. Tête laurée par Droz. ℞ La Fortune assise sur un rocher. SEJOUR. A. L'ILE. D'ELBE. T 2 LXIV variété. Br. 41 millim.

420 — Aigle portant la Légion d'honneur sur la mer. ℞ l'Empereur et soldat présentant l'arme. RETOVR. DE. L'EMPEREVR. M 286 LII. T 3 LXIV. Br. 41 millim.

421 — Flotte quittant l'Isle d'Elbe et aigle déchirant les lis. DIEV. PROTÈGE. ℞. NAPOLEONI. MAGNO. FIDELI. BERTRAND. M 287 LII. T 7 LXIV. Br. 38 millim.

422 — **Napoléon**. Tête laurée ℞. Aigle. CHAMP. DE. MAI. T 6 LXV. Arg. 13 millim.

423 — **Napoléon**. Tête laurée à dr. par Rogat. ℞. Aigle et vautours. WATERLOO. T 8 LXV. Br. 41 millim.

424 — **Napoléon**. Buste en uniforme à dr. par Webb. ℞. Le Bellerophon. SVRRENDERED. TO. H.B.M.S. BELLEROPHON. M 289 LII. T 2 LXVII. Br. 41 millim.

425 — **S. d. 1815. Napoléon**. Tête nue par Andrieu à dr. ℞. ANNIBAL. Buste nu à g. T 3 LXVII. Br. 41 millim.

426 — **S. d. Napoléon**. Buste en uniforme à dr. par Webb. ℞. L'Empereur assis et l'Histoire. NAPOLEON. AT. ST. HELENA. M 290 LII. T 10 LXVII. Arg. 41 millim.

427 — Même pièce. Br. 41 millim.

428 — **1816**. NAPOLEONE. IMPERATORE. E. RE. Buste lauré à dr. ℞. Prométhée enchaîné. NON. DI. LVI. MA. DI. CHI. LO. TRADI. IMAGO. T. 1 LXVIII. Br. 76 millim.

429 — **S. d. 1826. Prince Eugène**. Buste habillé à g. ℞. Faisceau d'armes. EN. ΑΝΔΡΑΣΙΝ. T 4 LXVIII variété. Arg. 24 millim.

430 — Lot de quatre petites médailles. Arg.